CLAUDIO BARRERA

HOJAS DE OTOÑO

HOJAS DE OTOÑO
CLAUDIO BARRERA

©Colección Erandique
Supervisión Editorial: Óscar Flores López
Diseño de portada: Andrea Rodríguez—Lilyana Gálvez
Pintura: Callejón (1924), del Maestro Confucio Montes de Oca
Administración: Tesla Rodas—Jessica Cordero
Director Ejecutivo: José Azcona Bocock
Primera Edición
Tegucigalpa, Honduras—Noviembre de 2024

MENSAJE AL MAESTRO CLAUDIO BARRERA

Si alguien tiene la dicha de encontrar al Maestro Claudio Barrera, allá en los rincones del Universo, con su barba crecida y los ojos atiborrados de versos, por favor, dele un abrazo de agradecimiento de parte mía.

Díganle que en la "Sala Colección Hondureña" de la Universidad Nacional Autónoma de Honduras (UNAH), donde estoy acompañado del zumbido de viejos ventiladores que se empecinan en hacer salir al calor por dos puertas abiertas de par en par, me reencontré con la magia de su poesía.

Leí sus poemas, y estos me sacudieron, como una tempestad lo hace con un barquito construido de palabras.

¡Cuánta hermosura!
¡Cuánta esperanza!
¡Cuánto amor por el hombre!
¡Cuántas imágenes lanzadas en las páginas de este libro como pequeñas gemas!
¡Cuánta ternura!
¡Cuánta pasión en su corazón de poeta bueno!

Hojas de Otoño (que vuelve a ser publicado gracias a la generosidad de la doctora Delfina Alemán, hija del poeta; y del personal del sistema bibliotecario de la UNAH), es, sin ninguna duda, una de las mejores obras escritas en Honduras.

Apenas veinte poemas, necesitó el Maestro, para plasmar en Hojas de Otoño la calidad de su creación.

Aquí podemos encontrar una sentida elegía en memoria de Ramón Amaya Amador; su fe en el pueblo hondureño; su creencia en el socialismo; la admiración por el general Morazán… y poemas escritas con la imaginación de un niño, como Divina locura:

Alguien por capricho
se robó el arcoíris.
Lo llevó a su aldea,
lo escondió en su casa.
La gente gritaba asombrada:
¿Qué llevas?

Y él decía: ¡Nada!
Lo llevó al granero de mazorcas de oro
y plumas de pájaros.

Es un poema cargado de colores, de luces, quemado por llamaradas… Es… ¡Hermoso!

Claudio Barrera es uno de los escritores más destacados de Generación del 35, conocida también como la Generación de la Dictadura. Incluso, hay quienes sostienen que fue el mejor.

En sus poemas, querido Maestro Claudio Barrera —le diría, si me lo encontrara patinando en los anillos de Saturno o jugando a la escondidas en los cráteres de la Luna—, hay un amor desbordado.

¡Una palabra tuya
mi amor, quien lo dijera!
Es una nota al viento
que vibra en una cuerda.
Es un golpe del agua
sobre una flor de cera.
Es algo que en el viento
se palpa, suavemente
como una ala de seda.

Pero no sé si tendré mejor fortuna que el pescador de Juan Ramón Molina ("Péscame una sirena, pescador sin fortuna/que yaces pensativo del mar junto a la orilla/Propicio es el momento porque la vieja Luna/Como un mágico espejo entre las olas brillas"), y dudo mucho que pueda encontrar al querido Maestro.

Por eso le pido a aquel que tenga esa dicha, que le diga que ya concluyó el verano y que es el tiempo de Hojas de Otoño.

O quizás, tampoco lo sé, nos sentemos a platicar algún día —rodeados de desempleados y jubilados, de predicadores que anuncian entre alaridos la llegada del Apocalipsis—, sobre una banquita del parque central de Tegucigalpa, esa ciudad de la que él escribió estos versos:

Esta ciudad es isla,
sin senda hacia el ensueño.
Sonámbula entre esperas
donde se balancean cansados los recuerdos.
Donde cada tristeza camina cabizbaja
sin poderse ausentar y hasta parece
que aumenta la aridez de la nostalgia.

Tegucigalpa —le diría al Maestro— sigue igual. Es la misma de la que usted escribió, con el alma hecha pedazos:

Esta es la ciudad.
Alejada del mundo por invisibles y dolidos muros.
Lejos de su pasado,
infinitamente distante del futuro.
Está suspensa de un hilo de desidia y maldad.
La ignorancia se extiende como una araña loca
mordiendo el corazón de las escuelas
y cruza por las calles sucias de la ciudad.

Pero ya dije que no sé si tendré tanta suerte de encontrarme con él. Por eso les pido que si alguien ve al Maestro Claudio Barrera, que por favor le haga llegar mi mensaje de agradecimiento.
¡Gracias, gracias por su poesía!
Y si no es mucho pedir, que le dé un abrazo.

Óscar Flores López
EDITOR COLECCIÓN ERANDIQUE

Una alma sensible es un bien que cuesta caro a los que lo poseen.
Richardson

Que fatal regalo del cielo es una alma sensible.
Rousseau

Una alma sensible en los pueblos de América, es un castigo y una esperanza.
Claudio Barrera

Volviendo la vista a las claras imágenes del tiempo, veo que no he cantado en vano. Que he puesto una nota más en el coro armónico de nuestra tierra y nuestro pueblo. Que se siente en el espacio el eco suave de mi poesía que palpita en el sentimiento de hombres y niños y que se transfigura en una dulce visión de amor en las mujeres...

Mi nombre ha de quedar grabado en la música transparente de los árboles, en el color de los atardeceres y en el sentimiento infantil de los ilusos...Cuando sientan la melodía de los versos recordarán al poeta. Cuando se apague la melodía de los sueños, enterrarán su nombre. Siempre que nace una canción se ilumina la tierra con el recuerdo generoso de los poetas. Ellos han de vivir en el milagro de las palabras y en el temblor de las imágenes. Sus pensamientos estarán presentes en el convivio de los enamorados y han de formar legiones en la batalla del espíritu. La gloria coronará la frente de los fuertes y los valientes y los himnos del triunfo se esparcirán sobre los pueblos que se yerguen inmortales desde sus sacrificios. Esas juventudes heroicas caminan al viento como movidas por el ideal de la poesía, porque tanta poesía hay en las batallas de la vida, como en las piedras, en el silencio y las meditaciones...

Hojas de otoño, encierra la devoción de un poeta y la conformidad de una alma desencantada. Es una poesía en voz baja, dicha a la hora en que caen de los árboles, las hojas del otoño, y amarillea el campo y nuestro espíritu vive una leve sensación de lejanía... El diálogo espiritual y desesperado de los cautivos ángeles de la tierra...

ELEGÍA A UN SOLDADO SOCIALISTA

Ramón Amaya Amador
ha tornado a la tierra para fertilizarla.
El que creyó en el humus de las cosechas nuevas
se tornará materia a flor de tierra.
¡No sólo su palabra será semilla y fruto!
No sólo su mensaje germinará en los hombres.
También su cuerpo joven —allá por Bratislava—
comenzará a crecer en los inviernos
arropado de nieve y de esperanza.

Ramón nació en el trópico
bañado de miserias y corajes.
Se bautizó en la furia campesina
de los machetes y los lodazales.
Su voz creció bajo los barracones
donde se hizo varón con la pobreza.
Cargó los tallos verdes del banano
del muelle a la bodega,
supo del grito de los mandadores
y el dolor del trabajo a la intemperie.

También, con el temblor del sentimiento
pulido en el dolor de la esperanza,
vio crecer la amargura de la vida
sin aliento, vencida y humillada.
Pero creció su voz, su sangre altiva,
su espíritu pulido en la amargura
haciendo humana su ambición de vida.

Los barracones propinaron sombra
a su ambición sonora de montaña.
Habló el lenguaje de los campesinos
y enamoró el crepúsculo y la aurora.
Y así pulió su voz de compañero
que fue creciendo por los bananales.

El monte fértil, la quietud del llano.
Todo sintió su espíritu altanero.
Y se puso a gritar gritos humanos
anunciando el dolor de los obreros
que siembran en las fábricas su sangre
como semillas de algodón y acero.

Luego tejió en arrullos tropicales
la pasión de la América humillada.
La mujer de la América oprimida.
La mujer de la tierra esclavizada.
Y clamo frente al mar, frente a los ríos
frente a los muros y los paredones
y dejó su mensaje eternizado
en el mensaje vertical del hombre.

Su viaje es sin campanas, ni responsos.
Sin rezos, su ceniza está en el viento;
quizá no tenga cruz, pero su nombre
alumbrará la cruz del pensamiento.
Y sufrirá la tierra en que ha nacido.
Lo mismo que los ríos que él amaba.
Y lo recordarán en el silencio
la tierra, los celajes y los árboles.

Porque Honduras lo espera, dulcemente
como al niño de tímidas pupilas.
Una corona fúnebre en sus manos
habrá de amortajar las serranías.
Y muerto está. Sin odio y sin fortuna
sin amor, sin pasión y sin rencores.
Como un pedazo de esta amarga Honduras
tirado al corazón de sus amores.

¡Descanse en paz, Hermano de la Aurora!
¡Fúnebre caminante del hastío!
Su nombre golpeará, continuamente,
como los bronces de los campanarios
el corazón burgués del pueblo mío.

MENSAJE

Pueblo hondureño:
Estás palpando la realidad futura.
Mides el mañana
con un tatuaje nuevo pegado a tu cintura.
Amanece en el alba
y se borra la hilacha de tus viejos vestidos
y estrenas la palabra
nueva de las ideas
con un nuevo partido.

Nace de ti ese grupo
como nace del águila, otra águila en el nido.
Codo a codo en la lucha
de un solo campo, hermano.
El progreso de todas las tierras hondureñas
y el bienestar humano.

De ti nace tu suerte
porque eres en la lucha el más grande y el más fuerte.
No la des al que pasa
y te devuelva engaños y amargura en tu casa.

Tú eres destino y sueño
moldeado en la pobreza que te sale a la cara
para llamarte: Pueblo.

Cuando te digan pueblo,
que te sequen las lágrimas.
Cuando te llamen pueblo,
que te maten el hambre.
Cuando te nombren pueblo
que den tu estatura
y contigo construyan
la grandeza de Honduras.

Para llamarte pueblo
hay que ir a tus maizales
y recoger tus penas que brotan de la tierra.

Para decirte pueblo
hay que ver tu familia pegada como sombra
junto a los hospitales.

Para nombrarte pueblo
hay que ser una fuerza de conciencia que lucha
llamando al compañero.

Hay que ser hondureño
en el surco irredento de las tierras vacías...
y en la máquina amarga del calcinado obrero.

Pueblo es el río claro que corre en la montaña.
Pueblo es el laberinto de la sierra y del llano.
Pueblo es el sufrimiento y la vaga esperanza
pueblo es la tierra estéril, la sed de los eriales.
Que no te llamen pueblo, sin recordar tus lágrimas,
sin ahondar tus miserias, sin conocer tu cruz.
Eres la masa herida que moldea el futuro.
Eres materia viva, eres fuerza, eres luz.

EL POLVO DE LA MARCHA

En la calle se aspira un polvo amargo.
Polvo del Kremlin.
Polvo de Carlos Marx.
Las vitrinas ostentan su protesta
de variados colores
donde se siente el polvo.
El polvo amargo
de los trabajadores.

Un desajuste orgánico se presiente en la tierra.
Se parte en dos la esplendente flor de la humanidad.
A un lado la miseria
del otro el Capital.

El polvo de la calle intoxica la sangre.
¡Polvo de Rusia!
¡Polvo de Nueva York!
La boca sangra rojas proclamas proletarias
y en los escaparates
boletines de obreros alzan banderas negras
con puño sindical.

La mujer del obrero va al mercado del pueblo.
Aun la muerte en la lucha tiene sabor burgués.
Sueña el pobre del barrio en conquistas sociales
aunque en el sindicato le han dicho muchas veces
que en la lucha del mundo es un peón de ajedrez.

¡Polvo del Kremlin!
¡Polvo de Carlos Marx!
Polvo de la miseria que palpita en las masas
Polvo de Washington o polvo de Moscú.
El boletín anuncia la marcha por la tierra.
Caen héroes deshechos...
¡Sangre de soñadores! ¡Sangre de juventud!

Se siente ya su paso por todos los caminos.
No viene de otro pueblo, ni se escucha otra voz.
Es la marcha irredenta de las clases obreras
que cayendo en la sangre de sus propias trincheras
busca la redención.

MADRE CRISTO

¡Madre Cristo!
Soy tu hijo y clavo tu santísimo cuerpo.

Mi amor abre tu senda hacia El Calvario
y te ciñe a los brazos del madero.

Soy tu hijo, Madre, y por mí padeces
hasta santificarte en el silencio.
Soy sangre de tu vientre. Llanto amargo que clama inútilmente
la protectora sombra de mis brazos.

¡Madre Cristo!
Yo te he crucificado tantas veces.
Y te he negado tantas,
que cambié tus humildes vestiduras,
por el manto de púrpura
que cubrió al Nazareno
en la calle fatal de la amargura.

También sin comprenderlo, clavé afanosamente
la corona de espinas' en tu frente.

¡Madre Mártir!
En tu suave calvario
no soy Cirineo
para cargar tu cruz.

¡Madre Cristo!
Aun escucho en el alma la agonía
de tus siete palabras,
que han sido manantial de mi esperanza
para alentar mi vida,
para secar mis lágrimas.

¡Madre Cristo!
Se han secado tus ojos
sin el consuelo de los ojos míos;
y en vano te has quejado.
Mientras mi indiferencia
se rodeaba de escribas y judíos.

Y en tanto que jugaba tus vestidos
la sangre humedecía tu costado.
Y brotaba de ti como un gemido:
¡Hijo mío!
¿Por qué me has desamparado?

¡Y te negué el amor que tú pedías!
Y muriendo de sed te negué el agua.
Y oí cuando llorando repetías:
¡Hijo! En tus manos encomiendo mi espíritu...
¡Y nadie respondía... ¡Madre Cristo!

Desde que concebiste.
¡Tu condición de madre te hace santa!
Y aunque estés en el cielo o en la tierra,
junto con Dios o cerca de los hombres,
se siente en tus palabras
el evangelio de las bendiciones
y la misericordia de las lágrimas.

¡Madre mártir!
Bendito sea Dios que te ha investido
con la piedad de un ángel.
Para sublimizar tus sufrimientos
y perdonar en tu dolor postrero
el dulce peso de los dulces clavos
de la dulce pasión de tu madero.

¡Bendita seas Madre!
Por todas esas lágrimas ocultas
en la sublimidad de tu martirio
y que ascienden a Dios en el calvario
en un tremendo y prolongado grito:
¡Perdónalo, Señor, que es hijo mío!

LA LETANÍA UNIVERSAL

Cuando sientas el miedo o la tragedia,
¡Persígnate!
Cuando tu madre llame suavemente
como en una agonía nazarena,
¡Persígnate!
Cuando tu hija se oville entre tus brazos desolada en su llanto,
¡Persígnate!
Cuando tu compañero vacile entre la lucha
y cunda de soledad su compañía,
¡Persígnate!
Cuando tu voz vacile a medianoche
y se pierda en las sombras,
¡Persígnate!
Cuando recibas males infinitos
y tu paso vacile en el desierto,
¡Persígnate!
Cuando recibas bienes y lisonjas
entre alaridos de pasión y muerte,
¡Persígnate!
Cuando sientas que el Orbe se derrumba
y tú, resistes, golpe a golpe el peso.
¡Persígnate!
Cuando las coronas de la gloria te ciñan
¡Persígnate!
Persígnate en el nombre del dolor y del triunfo
y de todo lo que tiembla en tu espíritu.
Persígnate en el nombre del amor y del bien
y de todo ese mundo de promesas.
Persígnate en el nombre de ti mismo
que construyes tu imagen
y comprendes que en esta letanía de esperanza
va el evangelio de la humildad cristiana.
Persígnate, mientras despliegan las cortinas
del sacrificio y las abnegaciones.
Cuando la ingratitud lama tus manos

y te absuelva de culpa.
Cuando te sientas grande, y cuando creas
que eres el más pequeño de los hombres.
Cuando se te iluminen las dos manos
y la brasa del mal queme tu frente
cuando te irradie un espejismo de oro
y el porvenir marchite tus laureles.
Entonces,
como un iluminado del martirio
sufre por todo y por lo que adivinas
que tras la gloria eterna del combate
está la sangre y su dosel de espinas.

OLANCHO
A la memoria de mi padre: Vicente Alemán

¡Bíblica tierra de heroicos
y agrestes pinares salvajes!
Ciclones de invierno coronan
tus cúspides verdes
tus lagos nocturnos, tus ríos de miedo
tus noches de fuego, tus árboles viejos,
que son la visión imponente
que da la estatura brutal de tu suelo.

¡Olancho! Parcela de América
dormida en las selvas.
Imperio del roce fugaz de la bestia.
Crujido del viento, clamor de la estepa
que tiembla en verano
lo mismo que el agua
de las caimaneras.

¡Temblor de la rama que estalla en el fuego!
¡Las rosas violentas pringadas de estrellas!
La noche del puma, que acecha en la puerta,
la noche del miedo
que es hosca y es larga
como una emboscada
detrás de las cercas.

Valles de la espera. Milpas del silencio.
Caminos de pájaros y nidos silvestres.
Ríos donde corren dedales de muerte
fundidos en oro
y la espuma blanca, como una azucena
quebrada en el vidrio
que brama en el agua
donde tiembla el horrido portal del infierno.

Cedrales que ruedan y cubren las bardas.
Hachas campesinas ¡Machetes de fuego!
Grises lodazales ¡Bestias de relincho!
Olancho en domingo con verdes praderas,
con flores de ceibo,
y aromas de cedro.
trinar de jilgueros, cantos de zorzales
violín de las ramas que aroman la tarde
y el eco pausado y violento del buen carretero
que parte el camino gritando: oyoo… Oyooo...

Olancho es el oro del río que agita
sus brazos plateados cubiertos de espuma.
Es el guacamayo que pinta los aires
y el mujer del toro y el vadear del puma.
Es la colmenera de los arrozales
venados elásticos que agitan el viento,
boas que se arrastran por las hojas secas
y despiertan gritos de olingos silvestres.

Olancho es la pampa y Olancho es la cúspide
brutal de la tierra. Montañas tremendas
que arrugan el aire. Ríos imperiosos
que mojan los valles. Tímidas vacadas
que van por las eras de los labradores
trinando la hierba de los arenales
y cortando espigas de los arrozales.

Olancho es la fuerza del hombre y del trópico
fundida en un rayo.
Es tierra de América ¡Granero del Mundo!
Visión del futuro prendida en los árboles.
Rosa de esperanza. Concreción de un sueño.

Promesa del hombre. Fuerza de la raza
que vive y palpita en la tierra, como una llamada
de amor y grandeza
como un pan de aliño
sobre de una mesa
que es amplia, que es dulce y que es buena
como es nuestra Patria.

LA VASIJA ANTIGUA

De qué arcilla proviene tu redondez humana.
Tu humedad, terciopelo.
Tu color venerable,
fuiste vientre del aire hervidera y segura.
Fuiste brazo del agua pedazo de cintura.
Tierra rosada y viva,
minúscula partícula de tiempo
desconocida Honduras!

Con que primor te hicieron
diminuta vasija de colores.
Tienes la transparencia del ocaso.
La suavidad del tacto de una mujer antigua
que buscara colmenas en la orilla de un lago.
Fue de un príncipe Maya. Tu línea de agua dulce
de agua blanca, tu perfil de Copán.
La imagen de tus dioses
en ocres, verdes, amarillos y verdes
retorcidas figuras.
Sus bordes de jazmín en las terrazas:
¡Desconocida Honduras!
Su escalera de antiguos jeroglíficos
Su historia de grandezas y amarguras
desconocida Honduras!
Sus perfilados templos, sus altares de espuma
labrados en las piedras...
La plaza del jaguar. La celda del esclavo
su tibio corazón aún palpitando
sobre la piedra de los sacrificios...
Las estelas gigantes mirando el horizonte.
Los reyes coronados de pámpanos
de nácar y corales solitarios...
Las vasijas de horrendas pinceladas
sobre de su cintura.
Sus celdas impasibles, sus desolados muros

su eterna majestad incomprendida
en la tierra de Honduras.
El juego de pelota. La venganza,
y el odio y el coraje del cautivo...
El plumaje del trópico en la melena de los sacerdotes.
Y el grito de las masas de primitivos hombres
agrupados al fuego de sus templos.
Copán, ciudad de ritos. Sacerdotes y príncipes.

La gran escalinata de los jeroglíficos
es la historia que vive
en la plaza de las ceremonias
y en el templo de las meditaciones.
¡La gran historia humana que se esfumó en los siglos!
¡Vasija de otra edad desconocida!
¡Tierra de América! Pintura vegetal en la cintura
de tu epidermis suave como fruta
que derrama su miel en el alma de Honduras.
Los siglos han caído con su furia de vientos
vengativos
han desolado milpas y aldehuelas
y el río se ha ladeado en su corriente.
Eres un esqueleto de grandezas humanas,
de sueños y miserias.
Eres el resplandor del arte levantado
al nivel de los astros.
Eres la sublime expresión del artista
y su mensaje eterno.
¿De qué tierra naciste? ¿De qué historia te hicieron?
Milenaria vasija americana.
Tu eres Copán con plumas y armaduras,
con timbales de cuero
y un imperio de reyes que palpita
desde el silencio trágico de Honduras.

¡Nadie sabe quién eres! Adivinan tu nombre en el zodíaco
del congreso de astrólogos.
De ti sólo nos queda, el agua transparente de
tus tinajas indias
y la callada bruma del invierno.
Piedras por donde corre tu historia, hasta esconderse
en la aterida sombra de los siglos...
Acrópolis donde ofician los vientos sus ritos naturales.
Y tú, vasija humilde de redondeles y de pinceladas
nadie sabe quién eres, ni que fuiste en la tierra.
Quizá el copón de lujo de algún príncipe
o el vaso funeral de oleos sagrados.
¡Vasija milenaria, ocre, verde, amarilla!
¿Qué guardaba tu entraña silenciosa y segura?
Por ti torna a los hombres su inmortal estatuara.
Y torna de la tierra la grandeza de Honduras.

COPÁN

Tú nos dejas un Reino
confundido en los siglos.
Tus guerreros de piedra, caminando...
Tus reyes de granito, caminando...
Tus mensajes eternos, caminando...

Tú nos dejas tus templos
sin ese olor a sangre
ni el heroico color de tus plumajes.
tus capas de azafrán
y milpa verde.
Tu lenguaje de piedra y sacrificio
y tus bárbaros ídolos de muerte.

Nos dejas tus estelas, laboradas
por artistas supremos, por infinitas manos,
como las alas de un palomo en celo.
Más sensibles que el tacto
más altas que los vientos.
¡Supremas manos de ignorados artistas!
¡Brutal condescendencia del arte y de la muerte!

¡Eso es Copán en verso!
¡Una espuma del tiempo!
¡El alma en una raza!
¡Un recuerdo!

Brazos contorsionados por la fuerza
en los enormes bloques de granito.
¡Briznas de la oxidiana!
¡Relámpagos de cuarzo!
Manos de fieros indios que tejieron
las coronas y túnicas de piedra,
en los rostros eternos
con los ojos inmensos de la muerte...

Manos predestinadas
que copiaron la sangre de su pueblo
y el espíritu indígena.
¡Manos de artistas! Hombres ignorados
altos como el crepúsculo,
finos como los mármoles.
Artistas embrujados con los brazos en cruz
sobre el jaguar del templo.
Piedras del sacrificio, humedecidas
con la sangre y la lluvia de los trópicos.
Altares donde vibra la majestad del arte
el temblor de los astros,
la rosa del crepúsculo
la sensación del sueño
siglo a siglo.
Eso es Copán en versos.
Un reino majestuoso que se esfuma,
un hombre que se apaga.
Es la expresión sublime del artista
la pasajera imagen de los hombres
la pequeñez humana,
la vanidad del hombre descifrada;
la eterna conclusión de la materia
donde sólo nos queda
su espiritual mensaje —siglo a siglo—
pulido en la miseria de las piedras.

¡Manos! Sublimes manos de águilas y sueños...
que esculpieron sangrando
los cabezales de oro de los ídolos.
Los plintos impasibles.
Las graderías fijas en el tiempo.
Las celdas, incrustadas
en una sofocante geometría
de gritos y de lágrimas.

¡La visión de la muerte en el artista!
¡La visión de la vida en el espíritu!
Eso es Copán con su mensaje eterno.
Una sublime voz que no se apaga
en el encaje eterno de las piedras.
La mano del artista que no puede
resignarse al olvido y a la muerte.

LA DIVINA LOCURA

Alguien por capricho
se robó el arcoíris.
Lo llevó a su aldea,
lo escondió en su casa.
La gente gritaba asombrada:
¿Qué llevas?
Y él decía: ¡Nada!
Lo llevó al granero de mazorcas de oro
y plumas de pájaros.
Se puso el granero de siete colores como llamarada.
La gente alarmada gritaba:
¿Qué pasa?
Y él decía: ¡Nada!

Se quedó en la noche tirado en la hierba
contemplando el cielo.
Los siete colores, como un lienzo mágico,
cubrían el pueblo.

A la amanecida, abrió su granero,
y al reflejo de oro de aquel alhajero
se quedó extasiado mirando el milagro
que se diluía,
como el copo de humo de una llamarada.
Entonces la gente furiosa gritaba:
¿Qué miras? ¿Qué miras?
Y él indiferente, respondía: Nada.

EL RETORNO DEL PADRE

¡Hoy vendrá mi padre!
La casa estará más hermosa que nunca.
Más brillante el cielo,
y el pan de la mesa, más dulce y más bueno.

En el horizonte, las cintas azules
caerán sobre el monte.
Y aunque traiga las manos vacías,
besaremos sus manos cansadas
de golpes amargos que brinda la vida.

¡Todos en la casa no diremos nada!
¡El hogar estará luminoso ese día!
No hay resentimientos para un dolor grande
que ya en el ocaso se torna alegría.

Porque el llanto que nuble sus ojos
será una alegría!
¡Y aunque venga solo!
¡Y aunque venga triste!
Arrastrando las huellas amargas de sus agonías,
sin decirle nada,
sin una palabra que fuera en reproche
llenaremos de besos ardientes sus manos vacías.

EL AMOR DE LA COMPAÑERA

¡Te quiero!
Como puede quererse al compañero,
que está sufriendo tras la barricada
y se le da la mano conmovida
sabiendo que la mano es una espada
enamorada de la misma vida.

Te quiero.
con esa devoción de compañero
que une su angustia, su dolor, su pena
y te busco sufriendo en el sendero
sobre el rescoldo de una tierra ajena.

Te quiero.
Como una fuerza que la necesito.
¡Tú eres la voz de aliento en la jornada!
¡Tú eres el eco de mi propio grito!

Te llamo.
Como la tierra clama por su arado
para esponjar de frutos la labranza.

Y te quiero
con el puño cerrado
pegado al corazón de la esperanza.

AMARGA GEOGRAFÍA

No es menester llorar
para explicar tu amarga geografía.
Tus ríos de miseria,
tus mares de injusticia y tus montañas
de pequeñez, de miedo y de tristeza.

No es menester que gima
por esa desolada geografía.
Por esa inmensidad de voces muertas
por el hambre salada de tus predios;
por tu pequeña dimensión fallida
que no pasa del charco.
Por tu voz disecada en alto muro
y tus manos calladas.
Por tu violento corazón de espadas
quebradas en la noche.
Por tu perfidia y tu indolencia vasta
que se arrastra humillada.
Por tus lagos de sangre y tus ríos de angustia
y tus manos de espera eternizada.

¡No es menester que se padezca tanto
para morir contigo, tierra mía!
Todo un pueblo solloza en este canto
que se levanta desoladamente
y resume tu amarga geografía.

LA RONDA

Algún día todos cantarán la ronda.
¡La ronda de América!
Ronda de los pobres y los afligidos.
Ronda de los tristes y los humillados.
Ronda de los hombres sin pan, sin abrigo,
que van por las tierras de América
como van los ríos,
llenos de violencia, llenos de quejidos
con el mismo acento de fuego en sus voces,
con el mismo color en sus cuerpos,
un hambre sangrienta pintada en sus labios,
pintada en sus ojos, pintada en sus manos,
y la muerte siguiendo sus pasos,
vencidos! ¡Callados!
a orillas del mundo
buscando la aurora del hombre...
Caminando... Caminando... Caminando...

NINGÚN LUGAR ESTÁ OCUPADO

Este lugar que ocupo sobre el planeta,
este aire que respiro bajo los cielos.
Esta voz afligida llena de penas
y este grito de angustia que me estremece,
todos tenemos
igual derecho
para ocuparlo.
Párate aquí a mi lado para que mires
cómo te voy rodeando con mis palabras,
que no tienen idioma de pueblo alguno
porque es como el espíritu de las razas.
Todos tenemos
el mismo idioma
para explicarlo.

Este rostro que oculto
no tiene la epidermis rubia del Norte,
ni la negra, ni clara ni la amarilla.
Aquí la Patria se hace de sufrimientos
y puedes relevarme cuando tú quieras.
Porque tú eres soldado
de la batalla
del pensamiento.

ÍNTIMO SECRETO

¡Un secreto! ¿A quién lo digo?
Lo digo a la noche inmensa,
lo digo al viento de invierno
¿que se solaza en la tierra?
A quién lo digo, si tengo
en el secreto una pena.
Es un murmullo que guarda
lo más grande de mis fuerzas.

Tiene como la ternura
suavidad de Magdalena,
y tiembla como el rocío
que se columpia en la hierba.
Invoco a un ángel dorado
que es rosa de mis jardines,
que es sangre de mi costado.
Ay, si el viento lo supiera
para irlo diciendo a gritos
entre las hojas del prado...
¡Pero no! A nadie lo digo,
que no sepan el secreto
que escondo cuando te escribo.

UN NOMBRE DE MUJER

Una muchacha de color castaño llena mi corazón.
Un mundo se dilata dulcemente en sus ojos
y un río de canciones corre alegre en su voz.

Yo la miro en las tardes, a la sombra del tiempo,
tejer y destejer en su sillón de espuma
un cuento que hace tiempo otro amor escribió.

Sus manos se recuestan débilmente en la tierra.
Hay un viento del Norte que gime en la vereda
y hacia el Sur va volando como una ala viajera
que nadie en su camino, vagando conoció.

Ella pasa de lejos y estoy en el camino
parado bajo el árbol que plantó mi destino
en un invierno frío y en un atardecer.

Nadie sabe mi nombre, ni mi amor, ni mi pena.
Y apenas se adivinan tiradas en la arena
las letras alargadas de un nombre de mujer.

UNA PALABRA TUYA

¡Una palabra tuya
mi amor, quien lo dijera!
Es una nota al viento
que vibra en una cuerda.
Es un golpe del agua
sobre una flor de cera.
Es algo que en el viento
se palpa, suavemente
como una ala de seda.

Es algo que se aleja
y es algo que se acerca.
Algo que tiene fuerza
como una enredadera
y creciera en el aire
bajo tu cabellera.
Y se fuera en la noche
golpeando las sensibles
hojas de las palmeras.
Y cayera temblando,
como cae una nota del arpa en una cuerda.
¡Una palabra tuya,
mi amor, quien lo dijera!
Es una nota al viento
que vibra en una cuerda.

INÚTIL ENCUENTRO

Niña. Flor de prado, rosa, desaliento.
Cruz que se avecina. Queja de la higuera.
Aroma sutil del momento
que arranca los gajos de la Primavera.

Piedra de la hondura, ¡día, nube, altura!
Bóveda del tiempo. Sol que se resbala.
Aprisiono tu dulce cintura
que es más suave que el roce de una ala.

Mujer desolada. ¡Llanto, viaje, ruina!
¡Albura que incita, gracia de la espera!
Yo atiendo mi nave marina
pegado a las velas de un puerto cualquiera.

Y tú, marinera,
viajera cansada. Nube de los vientos
morirás de angustia, de tedio, de espera.

Yo estaré prendido como un atalaya
al timón del tiempo,
para que me encuentres
sobre los oleajes del mar infinito
cuando tú te vayas.

CANCIONCILLA

La guillotina del tiempo
descabeza el alhelí.
Lo siento cuando me dices
que no te acuerdas de mí.

El aroma que despide
la canela y el anís
no es más suave que tu aliento
cuando estás cerca de mí.

Deja que pose mi mano
en tu cadera gentil
y te diga lo que siento
cuando estás cerca de mí.

Zumo de cidra dorada,
naranja y lirio de abril
que tiene jugo de mieles
aljófar y ajonjolí.

La guillotina del tiempo
descabeza el alhelí
Lo siento cuando me dices
que no me quieres a mí.

EL VERSO

El verso
es un sueño
en una palabra.
Es un grito
en una palabra
es un lamento
en una palabra.

El verso
es una rebelión
en una lágrima.
Es una herida
sobre el alma.
Es un suspiro
y una llama

El verso
lo es todo en la tierra
...y nada.

MÁS POEMAS

EL POETA

El poeta está parado frente al Universo.
Su canto viene por la vértebra de los siglos
y tiene sangre y espíritu.
A los pies de los poetas corre un río de sangre
y al nivel de su espíritu corre un río de sueño.
El poeta está salvado.
El poeta está sobre las cosas duraderas y mudables.
El poeta es eterno, como el Universo.
Y es el único entre los hombres
que como el sol, está ante los humanos.
El poeta tiene la voz de todos los hombres
y la esencia de todas las cosas divinas y humanas.
Es antena de la voz y del sueño.
Por él se percibe la música íntima del hombre,
su queja, su grito, su angustia, su muerte.
Por él se avizora su triunfo, su fuerza, su gloria.

El poeta está parado frente al Universo.
Poeta es todo soñador, todo iluso.
Poeta es el que ve la tarde maravillosa.
y el que la siente.
Poeta es el que se extasía ante la aurora
y suspira.
Poeta es el que la canta.
Poeta es el que se ríe de los ilusos
y ama sus hijos.
Poeta es el que se burla de los fanáticos
y ama los pájaros.
Poeta es el que ama el oro
 y se rodea de piedras preciosas.
Poeta es el que se burla del caminante
y se sienta a la sombra del camino.
Poeta es el que canta y el que llora.
Si canta con la voz de la naturaleza
y llora con un hondo sentido humano.

Él habla de los cielos y de las flores
y adorna el amor y las desgracias.
En todo está latente la poesía.
La antena de Dios en la tierra es el poeta.
El escucha la llamada de la belleza
y la explica al mundo.

El poeta no es tragedia, es misión.
Su voz es la voz de la naturaleza
en su expresión más delicada.
Su voz es eco. Es causa. Es razón
de un efecto divino. De un efecto humano.
Del cielo y de la tierra.
El poeta está entre lo que existe
y lo que no existe.
Lo que se quiere decir
y lo que no se dice.
Entre lo que se vio
en un mundo fantástico,
y lo que no se vio
en una realidad atormentada.
El poeta es transición. Y fin.
Es principio con su palabra de sueño,
limpia y purificada
por la combustión de Dios,
y un fin perenne en la eternidad.
Por eso,
El poeta está parado frente al Universo.

MI RITMO

Sufro la evolución de una nueva esperanza
y mi ritmo se torna rotundo y sensitivo.
Yo no soy el deleite de una raza en holganza
sino el grito perenne de un hondo dolor vivo.

Nació siendo montaña —privilegio de altura—
y no ha sentido nunca la angustia del encierro.
Lo ha forjado la ciencia de una raza futura
con una mezcla eterna de calicanto y hierro.

Soy nada más presagio dibujado en la palma
de una mano de roble. Nada más que un destino...
Yo no vengo investido con el humo del alma
para engañar al hombre con el humo divino.

Vengo desde los surcos de una región lontana
y mi semilla tiene brotes de claridad.
La cultivé hace tiempo soñando en un mañana,
y este mañana tiene su flor de eternidad.

Pues inmortal el verso, tiene que ser sencillo
y ser de calicanto y de acero y de arrullo,
para que en la grandeza de este verso que es mío
lo descifres y luego comprendas que es el tuyo.
Que esté siempre en tu surco como un grito latente.
Que en tu mesa se parta como el heno y el trigo.
Que sea perla pura de sudor en tu frente
y en la angustia lo busques como al mejor amigo.

No atisbarlo en lo cósmico, sino en el llanto agudo
de la mujer que pare para arrastrar su cruz.
Hay tal grandeza en todo lo que se halla desnudo,
como la voz del hambre que es la más alta luz.

Este es el ritmo eterno. La voz del Universo

que se amalgama en fibras de recia humanidad.
La voz que por profunda se difunde en mi verso
cuajado de esperanzas y de posteridad.

Dejalo entrar... Sencillo se sentará a tu lado
y te hablará contento como un niño de escuela,
y cuando tú te enfiles en la luz y el arado
mi amor transfigurado será tu centinela.

Por eso es que mi ritmo se torna una esperanza
sin haber padecido la angustia del encierro;
pues se forjó en el molde de la raza que avanza
con una mezcla eterna de calicanto y hierro.

LA DOBLE CANCION

Yo, sembrador de ideas.
Tú, sembrador de trigo.
Tendamos nuestras manos al pobre que es amigo.
Busquemos el abrigo
de todas nuestras penas
en un inmenso abrazo.
Juntemos los arados que van de brazo en brazo
con nuestra gran idea·
que va de mente en mente...
Y así seremos fuertes llamándonos amigos.
Tú, sembrador de trigo.
Yo, sembrador de ideas.

Juntemos nuestras penas
para aterrar verdugos.
Tú que amasas la carne de todos mis mendrugos,
en pago quiero darte la lumbre en tu camino:

Los dos somos muy fuertes,
pero somos cobardes con un mismo destino.

Empecemos la lucha.
Yo levanto las teas.
Tú levanta los brazos.
Abrazos en las masas
de todos los trigales y todas las ideas.
Cambiarás tus arados por gritos de protesta
y habrá fiesta en la tierra,
en el mar y en el cielo,
cuando miren que todos nos sentimos amigos;
y entonces, con las manos,
unidas, como hermanos,
alzaremos las teas...
Yo con la fuerza enorme de todas mis ideas.
Tú con la verde espiga cortada de tus trigos.

LA TRAGEDIA

Cuando lacté las ubres de sueños infantiles
cargué el morral al hombro para abreviar los pasos,
conocí los crepúsculos rayados de fusiles
y los amaneceres pringados de balazos.

Era ingenua la loba y era infantil su parto.
Yo, un cachorro de nubes, no estaba a la medida.
Me reclamó la sangre, ya de sangre estoy harto.
Me reclamó la muerte y estoy harto de vida.

La gloria. El espejismo cubrió la lejanía.
Y una mañana de oro con mi mejor poesía
salí bajo el designio de la primer canción.

Y a pesar de la sangre que dejé en los rastrojos
y los primeros sueños que lloraron mis ojos,
voy llegando a la tierra limpio del corazón.

LA COSECHA

Quisiera llamarme obrero,
compañero.

Pero no sé trabajar con el yunque y el acero,
compañero.

Mírame las manos suaves;
compañero.

Trabajo de Enero a Enero
no con la chumpa de cuero
del humilde carretero,
compañero.

Ni siquiera mi destino
es hacer de campesino
con las ruedas del molino
del humilde molinero,
compañero.

Ya ves: que no soy obrero,
compañero.

Mi surco no está en la sierra,
ni está en el llano soleado,
está mi surco trazado
alrededor de la tierra
donde no se ve el arado.
¿En dónde está, compañero,
el arado?

Mi siembra no te aprovecha
porque no sabes cortar
del grano de mi cosecha,
compañero.

Compañero:
seleccionemos el grano.
¡Límpialo al sol con tu mano!
—Más que compañero, hermano—,
límpialo al sol con tu mano
y selecciona el granero,
compañero.

Para que no haya extorsión
del patrón con el obrero
hazte fuerte compañero
en la confederación...
Porque así, sí se aprovecha
del valor y del acero
del grano de mi cosecha,
compañero

Unidos en el camino
y con el mismo sudor
de la lucha,
campesino
el mundo es mucho mejor
que el que te brinda el destino
de simple trabajador,
campesino.
Más que campesino,
hermano.
Seleccionemos el grano
del granero,
compañero.

Y lo verá el campesino,
y lo mirará el obrero.
Uno en la luz del acero
otro en la cruz del molino.

En el surco de la sierra
y por el llano soleado
y alrededor de la tierra
donde no se ve el arado.
¿En dónde está compañero,
el arado?

Cuando se escuche la voz
por los caminos del aire.
Cuando esa voz suba y crezca
por las ramas de la sangre.

Cuando se rompan los gritos
sin que no regrese nadie.

Cuando el soldado del mundo
fabrique su barricada
en la fábrica, con sangre
del herido camarada.

Cuando se esparza en el viento
como entre sedas, el filo.
La voz terrosa del hambre,
del miedo y los campesinos.

Cuando corran por la tierra
voces de amor, dilatadas.

Cuando las manos oculten
el fuego de las palabras.

Cuando el viento se atropelle
en una turbia amenaza.
Cuando la pobreza parta
en dos gritos la esperanza.

Entonces..
¡mi compañero!
Ve a seguirla por el mundo.
Siéntela en tu propia sangre
con el corazón desnudo;
y oirás que pasa en el aire
y que marcha como tú
sin que la detenga nadie.
Entonces,
mi compañero,
es que corren por la tierra
puños de amor levantados.
En cada trabajo habrá
un overol y un soldado.
Entonces, por todo el mundo,
mi voz con tu voz al lado,
desfilará hacia el futuro
del gran mundo proletario,
entonces, mi compañero,
con patrón, pero sin amo,
será más justo el reclamo,
compañero.
Más que compañero,
Hermano.

CANTO DE ESPERANZA Y RECLAMO

Morazán está en pie con un ejército
de días presurosos severamente claros.
Días donde el corneta tiene la voz del alba
y el soldado es un eco de amor en la palabra.

Morazán está en pie —fijo en la euritmia clara—,
sin la íntima muerte pequeña.
Sin la separación del alma y la materia.
—Cabal como principio sin fin de un mediodía—

Está firme en la muerte
marchando hacia nosotros
con estas claridades de preguntas:

¿Qué de mi vida hicisteis
juventud de la vida?

¿Qué de mi muerte grande
resurrecta habéis hecho?

¿Qué de mi pensamiento
que no comió la tierra?

¿Qué de mi soledad
que os acompaña siempre?

¿Qué de mi peregrina
sombra bajo la pólvora?

¿Qué de mi cuerpo frágil
que se deshizo en llamas?

¿Y de mi voz futura
con sol americano
continental oriente
de una sola alborada?

¿Qué habéis puesto en el verbo que ilusionó mi sangre?
¿Acaso no fue rumbo lo que marqué en los hombres?
Está mi patria firme marchando hacia mi muerte
que es imposible y única por resurrecta y grande.

JULIO ANTONIO MELLA

Tengo el alma empapada de huelgas y amenazas.
La libertad anuncia sus fuegos aurorales.
Cruzan la vasta sombra de peligros intensos
panoramas borrosos de banderas triunfales.

Un hombre: Julio Antonio,
barrio ardido en ideales
que hundió la daga de oro de su palabra limpia
en la corteza negra de los dictatoriales.

Temblaron espantados
ante el sabor amargo de las verdades hondas;
y apagaron la lumbre que ardía entre la sangre
de aquel muchacho nuevo.

Cayó por la grandeza misma de sus ideales.
Se lo llevó la tierra con su canción eterna.
Lo arrulla el gran silencio que ahoga las juventudes
mientras se reproduce su voz en toda América.

Oh, Julio Antonio Mella,
diluido en la grande copa blanca de los caminos,
que exista un Julio Antonio, donde existan tiranos
que esté su voz erguida frente a los despotismos

¡Héroe, mártir y símbolo!
Yo quisiera enseñar el íntimo ropaje de tus
amaneceres,
vivirte y ser tu sueño
sobre las libertades muertas en los eriales
y dar fuerza a las ansias que agitan tu grandeza
pintada en una fuga de banderas triunfales.

CANTO A TEGUCIGALPA

Esta ciudad es isla,
sin senda hacia el ensueño.
Sonámbula entre esperas
donde se balancean cansados los recuerdos.
Donde cada tristeza camina cabizbaja
sin poderse ausentar y hasta parece
que aumenta la aridez de la nostalgia.

Esta ciudad se duerme
cada vez que amanece.
Cuando cruzan sin alas las nubes en los cerros,
y que se han desprendido.
para llenar de verde su paso aventurero.

Hasta el mar en un solo paisaje
loco de soledad, quiere romper el horizonte,
irse sin huellas de palabras humanas
y familiares,
aunque fuera a la sombra salvaje de algún monte
y que nos recordara otros lugares.

Nos llaman las visiones de mareas lejanas...
Y nuestras manos trémulas, tendidas, vanamente,
sienten como hasta el peso de un clima oscurecido,
cae lento y pausado;
más pesado y más lento que la muerte.
Esta ciudad es isla,
con un trajín de colores desvanecidos,
como barcas abandonadas
en las riberas del mundo.
¡Panoramas sin voz de remeros perdidos!
Es como un gran naufragio
que se hubiera paralizado
en una acuarela absurda y sin sentido.

La misma risa es como el filo
del odio, sobre gotas de sangre.
La palabra es oscura,
como si fuera pedazo de la noche
y el porvenir es como un río sucio,
con peces ciegos, con barqueros frenéticos,
que tuvieran pedazos de estrellas en las manos,
con lunas en los ojos,
desgarrados de sueños
y a la sombra de un árbol esquelético.

¡Qué absurda esta ciudad!
Cada barquero muerto, sin saberlo es la sombra
de un pescador vulgar, que llevara deshechos
desperdicios del mundo entre los ojos.
Cada barquero muerto
eres tú y soy yo. Somos nosotros,
que con la red de lo vulgar a cuestas
—muellemente indolentes— bajo el árbol del
tiempo.
vemos cruzar los sueños, como cruzan
las invisibles sombras del silencio.

Algunos enlunados con astros imposibles
vamos con los rosarios de versos en las manos,
como los sacerdotes de templos invisibles
que oficiaran la misa de Verlaine y de Poe,
de Silva, de Darío, de Musset o de Rimbau,
por las noches profundas,
por las pascuas tremendas,
cuando hay buitres terrosos,
en las cúspides claras,
donde los niños, locos,
van extendiendo un grito
que es el golpe del hambre
sobre la tierna rosa de sus caras.

A medianoche hay música salobre,
herida, transparente, de carne sudorosa,
con olor a mujer encarcelada
por el prejuicio, esclavo, colonial
que el hombre alienta en vena socavada...

Borrachera perenne,
monstruosamente gris, sanguinolenta.
Se balancea,
como las frías doce de la noche
en la campana de la aldea.
¡Es como el cortejo tropical de la muerte!
Borrachera en la sangre y en el aire.
Borrachera en el agua, la tierra y la palmera.
En las manos del hombre
sin ojos, sin camino y con fronteras.
Borrachera en la voz y en el abismo. Borrachera
en la inconsciencia dura
como el filo terroso
de un corazón de piedra.

Esta es la ciudad.
Alejada del mundo por invisibles y dolidos muros.
Lejos de su pasado,
infinitamente distante del futuro.
Está suspensa de un hilo de desidia y maldad.
La ignorancia se extiende como una araña loca
mordiendo el corazón de las escuelas
y cruza por las calles sucias de la ciudad.

Cada hombre que lee, ha puesto calicanto
en sus labios, para matar la voz.
Ignora su horizonte y habla de lejanías,
y ciudades distantes,
y por miedo y tristeza y abandono y cansancio,
reza a Dios.

Es un cuadro aburrido de burgueses en siesta.
Pero en el fondo, como flor del abismo,
vemos una llama de idealismo
alumbrando un inmenso corazón de tristeza.

Las pláticas se pegan,
como las mariposas en los libros,
llenas de mil colores, pero muertas.
Y por humanizar las ilusiones
bajamos nuestro verbo,
al corazón en cruz de la pobreza.
Pobreza hedionda a lodo.
Hedionda a tierra muerta.
Hedionda a soledad.
Hedionda a todo.

Yo te he visto, ciudad,
reír únicamente en la tragedia.
Has tenido un aliento de fiera acorralada
con olores a pólvora y metal.
Me has hablado del Sur, con sus hombres
quemados en la brisa filosa de la sal.
Me cuentas en leyendas de plata marinera,
de islas recién nacidas llenas de soledad.

Me has hablado del norte con un espectro
horrendo,
caminando entre lluvias verdes de bananal.
¡Lodo! ¡Miseria! ¡Muerte! Cortejo dibujado
entre un silencio amargo
que rasga nuestros ojos con filos de puñal.

Minerales fantasmas cruzan por estas calles.
Oro, plata y pulmón.
Oro y plata nativa, que sangra y que se va.
Pulmones enfermizos. El vacilo de Koch
se queda entre nosotros, nos ata a su dolor,

y rondamos la muerte como única verdad.
Por eso,
si mirara que estuvieras alegre
te desconocería, Ciudad.

Quisiera haber hallado en la luz de tus ríos,
en la plata del cielo,
en la esmeralda trémula del monte,
en la cuerda invisible
que vuela en plumas de oro
del pájaro que cruza el horizonte;
en la estrella lejana y en la paz de los cerros,
quisiera haber hallado,
pasta para estos versos.

Yo no puedo arrullarte con una canción mía
porque sería cómplice de tu dura indolencia
y hasta temo que en mi alma te quedaras dormida.

Quiero decirte claro,
lo que siento en las venas
con tu sol y tu aliento.
Lo que miro en tu historia
escrita a garabatos,
en la piedra, la tierra y el cemento.
En la dureza a plomo de tus hombres,
sin corazón ni verbo.
En la apacible esfinge sonrosada
de la mujer esclava y altanera;
mujer hecha de penas para las alboradas
y hecha también de lágrimas para la primavera.

Si tuviera, Ciudad, que saludarte,
a mi garganta oscura de mestizo legítimo,
se enroscara el dolor,
con intención tal vez de estrangularme.
Si tuviera que darte la mano,

sentiría la duda —tibia como la sangre—
corriendo locamente hasta el cansancio.
Si tuviera que amarte
tendría que llevar pasta de santo,
y engañarme contigo
en la dulzura absurda de otro canto...

Yo no te puedo hablar de otra manera.
Si hablara el robledal,
resentido estuviera del hombre que lo corta
y no lo siembra.
Si el río Ulúa hablara, por ejemplo,
espantado de muertos estuviera.
Si nuestros montes concibieran voz,
nos iban a decir de una aventura
sin ley, sin sentimientos y sin Dios.
Si hablaras tú, Ciudad,
arrastrarías tu eco, como arrastra
sus pedazos de angustia la orfandad.

Qué triste es para ti, de seno maternal,
ver a tus hijos nuevos,
hechos con la madera más justa y más cabal.
Crecer en lejanías, irse de tu regazo
como los ríos que se van al mar.
Valle, no se nutrió de tus entrañas
para marchar lumínico a la posteridad.
Y hubo un hijo más recio, más humano,
Francisco Morazán,
que para verte grande,
se fue hasta el horizonte de la inmortalidad.

¡Te vas quedando sola!
Por eso es que este canto tiene tanta verdad.
Se va de ti el amor,
como van estos versos,
con un poco de angustia y un poco de maldad.

Y no estoy resentido contigo, Ciudad;
al contrario, yo soy un preferido,
tengo la gloria de poder decirte
íntimamente, como en la amistad:
¡Estoy emocionado de haberte conocido!

Pero no es eso todo.
Tu esperanza se aplasta de cansancio y de lodo.
La vida va pasando tan lenta y aburrida
que he visto pensamientos adornados con moho.

Además, voy contigo,
te ato a mi desaliento,
cuando te desbaratas entre mi soledad.
Cuando te miro lejos
—muy lejos— entre luces
que rompen los murales de un problema social.

Íntimamente entonces te miro y te comprendo;
eres una esperanza desprendida al azar,
para que hombres futuros
echen el trigo fértil de la cosecha humana,
y seas tú un camino de grandeza y de paz.
Y así con toda el ansia gritarte desde el tiempo:
¡Al fin nos comprendimos,
ya somos camaradas, Ciudad!

Por eso te he elevado este canto tan duro
que nunca te dijeron poetas de otras edades,
porque es una parábola tendida hacia el futuro
que lleva el agrío y dulce sabor de las verdades.

LOS CABALLOS DEL MAR

Los caballos del mar.
Sal,
yodo,
espuma.
¡Los caballos del mar!
Se encabritan de luz y espuma verde los caballos
del mar.
Relinchan en el sueño y en la arena los caballos
del mar.
Y mueren en la playa y la locura, los caballos del
mar.

Nacen de verde luz y verde sombra
con las crines al viento enfurecido,
locos de tanto sueño y tan grito
del mismo mar de verde enloquecido.

Azotan de ola en ola
la transparencia virginal del casco,
la carne etérea desgarrada en agua
y el invisible corazón del salto.

Allí están los caballos.
nuevos en su presencia —enraizada y profunda—
golpeando a flor de sueño
la palabra.

¡Hípico brinco de la luz y el alma!
Nada detiene el golpe de los cascos
más que el orate viento de las aguas.
Y el mismo viento se desprende al brinco
por la espumosa curva de las ancas,
y se ve cuando rueda y cuando se alza
ya convertida en línea su prestancia.

El yodo. El cloro. El tinte de las aguas
se hizo esmeralda y sueño en la paleta
y se encrespó la luz y los caballos
heridos de color! ¡heridos de alma!
rodaron por las curvas de las olas
entre claros relámpagos de plata.

¡Los caballos del mar! ¡Cuadra de dioses!
Amasados de sol, espuma y malva.
Los caballos del mar van deshaciendo
el cristal de la tarde con las patas.
Y al fin se transparentan y agigantan
en la inmensa visión de la paleta
relinchan libres por la gama fuerte
y el mar lamiendo sus lechosos cascos
los va a domar al fin... Y sobre el lienzo
queda fija la línea y la prestancia
en el golpe de la ola y del caballo.
Los caballos del mar.
Sal,
yodo,
espuma.
¡Los caballos del mar!
Se encabritan de luz y espuma verde sin poderlos
domar.
Relinchan en el sueño y en la arena bajo el oro
solar y mueren en la playa y la locura, los caballos del
mar.

BIOGRAFÍA DE LA NIÑA ETERNAMENTE FUTURISTA

Era,
es,
y será:
como todas las cosas imposibles.
Un nido de luciérnagas.
Una corona de suspiros.

En sus ojos caían mariposas para anidar estrellas.
Las flores blancas amanecían en sus manos
como una mano más de flores cándidas.
Y en su cuerpo celeste
se levantaba un sol lleno de sangre
hasta esconderse en su peineta negra.
Pero siempre quedaba el reflejo
de lo imposible. Estaba
en el abrirse de la espiga plateada
—integra y futurista—
con una gran presencia insospechada.

No la pude encontrar en la línea
material de la vida.
No la encontré en la piedra,
ni en la luz,
ni en el agua,
ni en la voz,
ni en la herida...

Su carne no tenía la seda,
ni tenía el sollozo,
ni tenía la gracia
de la primera o de la última despedida...

Yo andaba tras el viento
tras el camino,
tras el silencio...
Yo buscaba la cal, la muerte, la dulzura santa...
Quería la idea Universal y la buscaba
—equivocadamente— en la palabra...

Cruzaron ante mí,
ángeles de aluminio y de nocturnas alas vaporosas.
Se oyeron las canciones del abierto jazmín del
mediodía.
Se vio la fina forma del oleaje profundo de la vida.
Y ella no estaba
en la Aurora,
ni el crepúsculo suave la tenía escondida.

Por esta conclusión
hice esta biografía de la niña
eternamente futurista.
Pues con un corazón
de artista. . . ¡No hay razón!¡No hay razón!

POEMA DE LA ROSA IMAGINADA

*"Sólo queda en mi mano
la forma de su huida."*

Juan Ramón Jiménez

Cayó la rosa
de mi mano al suelo,
y en mis manos quedó
la rosa mía.
Visión astral de rosa no mirada,
con ninguna mirada, todavía.
Sobre la tierra gris
la rosa sola.
Su color y su forma
en la mirada.
Mi rosa,
sola en mí,
no abandonada,
sin color y sin forma en la mirada,
podía ser de luz,
que la poesía,
con ser de idealidad, con ser de nada,
todo un mundo de rosas devolvía.

LA MUJER VEGETAL

Mujer ¡eres distinta! En ti no es la aventura,
ni la pasión absurda, ni la emoción fugaz...
El árbol de la vida se prende a tu cintura
con un convencimiento de presencia frutal.

Enraizada en tus sueños juega la clorofila
y ruedan las corolas en tu voz de cristal
En las ramas del tiempo deshojas tus pupilas
y el otoño en tus manos empieza a amarillar.

Parada sobre el surco de una espera latente
tu ramazón de sueños presiente el vendaval.
El mar de los deseos golpea suavemente
con sus olas ilímites tu posición solar.

Enraizada en la muerte —casi desvanecida—
te sorprende el crepúsculo, muchacha singular.
No es de tierra y paisajes tu soledad herida
sino de una infinita tristeza vegetal.

En la higuera silvestre. En la presencia ruda
de la albahaca y acaso por la flor matinal,
te amaré más que nunca tropical y desnuda
y te urdiré en mis brazos con devoción juncal.

Toda la selva humana tendrá un prestigio nuevo.
Arboles carcomidos no te podrán rozar.
Y estarás frente al hombre —divinizadamente—
con sólo tu presencia de rosa vertical.

LO SUBLIME

Nada me queda ya, todo es de mis hermanos;
desde la fuerza ruda de mis manos,
hasta el ansia febril de mis ideas.
Todo lo di a la vida. ¡Todo! ¡Todo!
Y he llegado a notar maravillado,
que después de haber dado
mi fuerza, mi dolor y mi creencia,
todo lo he recibido
sin haberlo pedido.
Sin haberlo esperado
todo ha llegado a mí.
Es el gesto supremo de la bondad divina;
la sublime verdad,
porque al brindarle todo a mis hermanos,
se llenaron de lumbre mis dos manos
plenas de eternidad.

AMOR DE MANSEDUMBRE

¡Señor, qué mansedumbre la del amor pequeño!
El amor que se queda silencioso en la espera
sabiendo que no llega ni siquiera en el sueño.

Señor, qué mansedumbre la del amor pequeño.

He visto el alma humana de rodillas y pienso
que desgarrado el sueño, nada importa la espera
porque si llega un día será un instante inmenso.

Y oirán por la vez última una voz conmovida
que ni ofende la muerte ni suplica a la vida
sino que humilde, humilde, como un amor
pequeño,
pide que le devuelvan la devoción del sueño.

Señor, qué mansedumbre la del amor pequeño.

ESTAMPA

Señor: Tú conoces mi fe mejor que nadie
Sabes cómo soy Yo. Cómo te pido
la voluntad de ser como mi padre.
Como los robles de una antigua raza
que no han podido envanecer los aires.
Quiero esa tosca humanidad del barro
con que se hacía nuestra historia antes.
Quiero esa dura voz ilimitada
por la sabiduría de los años.
Cada día que pase, ser más hondo
y a pesar de la hondura ser más alto.
Amar en la mujer ese prodigio
de la maternidad y ser sencillo,
para tejer en rústica parcela
un poema de amor para mis hijos.
Que me encuentren las tardes sobre el surco.
Las noches sobre el libro del pasado.
Con la mirada abierta hacia el futuro
y el corazón abierto entre las manos.

Ser nada más lo que soñó mi padre:
El roble antiguo de una antigua raza
que no han podido envanecer los aires.

ELEGIA DE TU VOZ Y MI VOZ

Tu voz de fino metal indefinido,
sobre esta nueva voz cristalizada es una ala de niebla en el olvido.

Nace en el surco de la tierra alada,
en el aire salobre y mal herido
de otra cansada voz inesperada.

La nueva voz del sueño en un latido
de la noche que trenza una alborada
y el silencio agiganta su gemido.

Todo nace en la voz crucificada:
la lágrima de amor que no ha caído
y la nueva ilusión esperanzada.

El lenguaje del tiempo no ha perdido
su incoloro dolor de voz alzada
con un silencio de metal pulido.

Y en el aire navega una alborada,
que va a morir en un indefinido
silencio de la voz martirizada.

Y tú, mi compañera, lo has sabido,
mi palabra es la rosa deshojada
sobre un vago silencio desabrido.

Con esta soledad insospechada,
quebrando tu dolor adormecido
soy una vena rota y desangrada.

Y tu voz y mi voz, en un sentido
de eternidad, solemne y desposada
son un nuevo dolor desconocido.

La metáfora queda amortajada
en un campo de versos removido,
para nacer al filo de una espada,

herir el aire en un estremecido
viento de palmas en la desolada
tristeza de la voz ya sin sentido.

LAS VOCES ERRANTES...

¡El monte sombrío!
Las rosas del viento cruzando veloz.
¡La arena en la hierba temblando de frío!
Detrás de la tarde mi voz y tu voz
Arriba en las nubes un cielo vacío
y el aire en las sombras cruzando veloz.
La arena temblando de sombra y de frío
oyó que llorando decían: "es mío".
De lejos se oían las aguas del río
que se iba llevando mi voz y tu voz.

CONTENIDO

MENSAJE AL MAESTRO CLAUDIO BARRERA 5
ELEGÍA A UN SOLDADO SOCIALISTA 13
MENSAJE 17
EL POLVO DE LA MARCHA 19
MADRE CRISTO 21
LA LETANÍA UNIVERSAL 25
OLANCHO 27
LA VASIJA ANTIGUA 31
COPÁN 35
LA DIVINA LOCURA 39
EL RETORNO DEL PADRE 41
EL AMOR DE LA COMPAÑERA 43
AMARGA GEOGRAFÍA 45
LA RONDA 47
NINGÚN LUGAR ESTÁ OCUPADO 49
ÍNTIMO SECRETO 51
UN NOMBRE DE MUJER 53
UNA PALABRA TUYA 55
INÚTIL ENCUENTRO 57
CANCIONCILLA 59
EL VERSO 61
MÁS POEMAS 63
EL POETA 65
MI RITMO 67
LA DOBLE CANCION 69
LA COSECHA 73

CANTO DE ESPERANZA Y RECLAMO	77
JULIO ANTONIO MELLA	79
CANTO A TEGUCIGALPA	81
LOS CABALLOS DEL MAR	89
BIOGRAFÍA DE LA NIÑA ETERNAMENTE FUTURISTA	91
POEMA DE LA ROSA IMAGINADA	93
LA MUJER VEGETAL	95
LO SUBLIME	97
AMOR DE MANSEDUMBRE	99
ESTAMPA	101
ELEGIA DE TU VOZ Y MI VOZ	103
LAS VOCES ERRANTES...	105

www.ingramcontent.com/pod-product-compliance
Lightning Source LLC
Chambersburg PA
CBHW020249010526
44107CB00002B/164